LUCIA CANOVI

Le Petit Livre Qui Fortifie

Proverbes fortifiants et citations motivantes

?! lucia-canovi.com

ISBN-13: 978-1522800392
ISBN-10: 1522800395

INTRODUCTION

Avez-vous déjà remarqué comme une simple petite phrase peut donner de l'espoir, de la force, un regain de volonté, de lucidité ou de courage ?

J'ai rassemblé dans *Le Petit Livre Qui Fortifie* des citations et de proverbes de ce genre.

Ce recueil ne contient que la crème de la crème : de la collection de citations que j'ai accumulé au fil de mes lectures, j'ai éliminé toutes les phrases qui avaient un effet autre que fortifiant, ainsi que toutes celles dont l'optimisme ne sonnait pas complètement juste. Ici, vous ne trouverez pas de : « Sautez dans le gouffre, vous apprendrez à voler ! » Ce genre de conseil est trop surréaliste pour qu'on y croie, et si on y croyait ce serait dangereux pour la santé.

Les citations et proverbes du *Petit Livre Qui Fortifie* sont nourrissants comme une bonne soupe aux épinards riche en fer savourée (avec des croutons) entre amis ou en famille, réconfortants comme un feux de cheminée en décembre, quand la journée a été dure, le temps glacial, et que le chauffagiste ne viendra réparer la chaudière qu'après-demain...

Lisez-les, méditez-les et relisez-les : ils vous fortifieront comme ils m'ont fortifiée.

PROVERBES ET CITATIONS

Une période d'échec est un moment rêvé pour semer les graines du succès.

Paramahansa Yogananda

***

Un moment de patience peut préserver de grands malheurs ; un moment d'impatience, détruire toute une vie.

Proverbe chinois

***

Pour garder l'espoir, il faut se convaincre qu'aucune situation n'est éternelle, même pas les bonnes. Alors les mauvaises... Passer à travers la difficulté, y mettre l'énergie et le temps qu'il faut... Personne n'est condamné d'avance dans la vie.

Nadia Ghalem

***

C'est en trébuchant qu'on apprend à marcher.

Proverbe bulgare

L'homme n'est pas responsable de ce qu'il lui advient mais de ce qu'il en fait.

Epictète

***

Apprends, et tu sauras.

Proverbe alsacien

***

La vie est beaucoup trop courte pour pouvoir rêver sur un échec !

Antoine Riboud

***

Prie Dieu, mais continue de nager vers le rivage.

Proverbe russe

***

Contre la peur, un seul remède : le courage.

Louis Pauwels

***

Si vous arrivez à être dur avec vous-même, la vie sera bien plus douce avec vous.

Zig Ziglar

***

La plus brave chose que vous puissiez faire quand vous manquez de courage est d'exhorter les gens à l'être et de leur donner l'exemple.

Corra Harris

***

Un héros est une personne ordinaire qui trouve la force de supporter et de persévérer en dépit d'obstacles écrasants.

Christopher Reeve

***

Celui qui marche droit trouve toujours la route assez large.

Proverbe breton

***

Tout début est difficile.

Proverbe alsacien

***

Le chemin se fait en marchant.

Antonio Machado

***

La clé de tout est la patience. On obtient une poule en couvant des oeufs, pas en les écrasant.

Arnold H. Glasgow

***

Un défaut qui empêche les hommes d'agir, c'est de ne pas sentir de quoi ils sont capables.

Jacques-Bénigne Bossuet

***

Quoique vous fassiez, ne laissez pas vos progrès passer inaperçus - même si vous êtes la seule personne à les apercevoir.

Anonyme

***

Que vous pensiez que vous en êtes capable ou que vous pensiez que vous n'en êtes pas capable, vous avez raison !

Henry Ford

***

Il suffit de se croire esclave pour l'être en effet.

Emile-Auguste Chartier, dit Alain

***

Notre plus grande gloire n'est pas de ne jamais tomber, mais de nous relever à chaque fois que nous tombons.

Maria Marshall

***

Une route facile devient souvent difficile, et une route difficile devient souvent facile.

Robert T. Kiyosaki

***

Il suffit d'une rencontre heureuse pour changer une vie.

Richard Wiseman

***

Dans un voyage, le plus long est de franchir le seuil.

Proverbe roumain

***

Les racines du travail sont amères, mais ses fruits sucrés.

Proverbe alsacien

***

Ne crains pas d'avancer lentement, crains seulement de t'arrêter.

Proverbe chinois

***

Tu es toujours libre de changer d'idée et de choisir un avenir différent.

Richard Bach

***

Seuls les poissons morts nagent dans le sens du courant.

Proverbe alsacien

***

Il faut faire vite ce qui ne presse pas pour pouvoir faire lentement ce qui presse.

Proverbe chinois

***

Ce qui importe, ce n'est pas d'arriver, mais d'aller vers.

Antoine de Saint-Exupéry

***

En buvant l’eau du puits, n’oubliez pas ceux qui l’ont creusé.

Proverbe chinois

***

Tout est difficile avant de devenir simple.

Proverbe international

***

La douleur, les déceptions et les idées noires n'ont pas pour but de nous aigrir, mais de nous mûrir et de nous purifier.

Hermann Hesse

***

La seule personne que vous êtes destinée à devenir est la personne que vous déciderez d'être.

Pam Finger

***

Ces petits gestes, anonymes et oubliés, emplis de gentillesse et d'amour, sont la meilleure partie de la vie d'un homme.

William Wordsworth

***

Avec du temps et de la patience, les feuilles de mûrier se transforment en robe de soie.

Proverbe chinois

***

Il faut laisser le passé à l'oubli et l'avenir à la providence.

Jacques-Bénigne Bossuet

***

Ceux qui ne savent pas perdre ne savent pas gagner.

Duong Van Minh

***

Les grandes routes du conformisme mènent à la médiocrité et au malheur.

Nicolas Hulot

***

Le succès n'est jamais final, l'échec n'est jamais fatal : c'est le courage qui compte.

Winston Churchill

***

Un problème sans solution est un problème mal posé.

Albert Einstein

***

La persévérance est ce qui rend l'impossible possible, le possible probable et le probable certain.

Robert Half

***

Tout vient à point à qui sait attendre.

Proverbe français

***

Je n'ai pas échoué, j'ai trouvé dix mille moyens qui ne fonctionnent pas.

Thomas Edison

***

Les plus grandes histoires de succès sont celles de personnes qui, ayant reconnu un problème, l'ont transformé en opportunité.

Joseph Sugarman

***

Neuf femmes ne font pas un enfant en un mois.

Proverbe chinois

***

Une personne qui n'a jamais commis d'erreur n'a jamais tenté d'innover.

Albert Einstein

***

On a toujours le choix. On est même la somme de ses choix.

Joseph O. Connor

***

Celui qui déplace les montagnes, c'est celui qui commence par enlever les petites pierres.

Confucius

***

S'armer de patience, combien l'expression est juste ! La patience est effectivement une arme, et qui s'en munit, rien ne saurait l'abattre. Sans elle, on est automatiquement livré au caprice ou au désespoir.

Emil Michel Cioran

***

Un voyage de mille lieues commence toujours par un petit pas.

Robert T. Kiyosaki

***

Les bons mûrissent, les mauvais pourrissent.

Victor Hugo

***

On a besoin de patience avec tout le monde, mais particulièrement avec soi-même.

Saint François de Sales

***

Le problème, c'est toujours d'identifier le problème.

John C. Maxwell

***

La vie est ton navire et non pas ta demeure.

Alphonse de Lamartine

***

Pour s'améliorer, il faut changer. Donc, pour être parfait, il faut avoir changé souvent.

Winston Churchill

***

Face à la roche, le ruisseau l'emporte toujours, non pas par la force mais par la persévérance.

H. Jackson Brown

***

La vérité, c’est mon pays.

Alphonse de Lamartine

***

Sème un acte, tu récolteras une habitude ; sème une habitude, tu récolteras un caractère ; sème un caractère, tu récolteras une destinée.

Tenzin Gyatso

***

Rien n'arrive jamais sans cause.

Jonathan Edwards

***

L'espoir est comme le ciel des nuits : il n'est pas coin si sombre où l'oeil qui s'obstine ne finisse par découvrir une étoile.

Octave Feuillet

***

Qui triomphe de lui-même possède la force.

Lao-Tseu

***

En pleine angoisse, ne perds jamais l'espoir, car la moelle la plus exquise est dans l'os le plus dur.

Hafiz

***

On ne meurt pas d'un peu de patience supplémentaire.

Moses Isegawa

***

Tout comme il y a une occasion sous chaque problème, il se trouve des trésors de sagesse sous chaque déception.

Robert T. Kiyosaki

***

En prenant le temps d'apprendre à changer votre mode de pensée et à devenir un meilleur penseur, vous investissez en vous-même.

John C. Maxwell

***

Peu importe si le début paraît petit.

Henri David Thoreau

***

Le monde appelle fous ceux qui ne sont pas fous de la folie commune.

Madame Roland

***

Le moment présent est la piste désignée à tout nouveau départ.

Louis Marie Parent

***

Ce qui est fait n’est plus à faire.

Proverbe français

***

Les petits ajustements que vous faites dans votre vie aujourd'hui peuvent donner d'énormes résultats plus tard.

Mark Victor Hansen et Robert G. Allen

***

La patience est la plus héroïque des vertus, précisément parce qu'elle n'a pas la moindre apparence d'héroïsme.

Giacomo Leopardi

***

Il existe quelques personnes ici-bas qui ne planteraient jamais une graine car elle ne produit pas de fruits la première année.

Ralph Nader

***

Le faux courage attend les grandes occasions... Le courage véritable consiste chaque jour à combattre les petits ennemis.

Paul Nizan

***

La précipitation vient du Diable ; Dieu travaille lentement.

Proverbe persan

***

Le dicton que je me répète chaque fois que je me sens dépassé par tout ce qu'il me reste à apprendre est : "Comment mange-t-on un éléphant ?" Et la réponse est : "Une bouchée à la fois".

Robert T. Kiyosaki

***

Le bonheur, c'est de continuer à désirer ce que l'on possède.

Saint Augustin

***

Au bout de la patience, il y a le ciel.

Proverbe africain

***

Le sage s'organise, le fou regrette.

Proverbe chinois

***

On combat les idées nuisibles par d'autres idées. On combat le mensonge par la vérité.

William O. Douglas

***

Les grands bonheurs viennent du ciel, les petits bonheurs viennent de l'effort.

Proverbe chinois

***

La folie, c'est se comporter de la même manière et s'attendre à un résultat différent.

Albert Einstein

***

Méfie-toi de tes pensées, elles sont le début de tes actions...

Proverbe chinois

***

Celui qui choisit simplement le chemin descendant parce qu'il le trouve plus rapide et plus facile à parcourir, se trompe totalement de direction. Celui qui agit ainsi est un inconscient qui ne juge que sur les apparences : c'est cela l'ignorance.

Yacoub Roty

***

Si vite que coure le mensonge la vérité un jour le rejoint.

Jacob Cat

***

Tout a déjà eu lieu.

Victor Pelevine

***

Aucun arbre ne croît en un jour, aucun ne tombe au premier coup.

Jacob Cat

***

Patience ! Avec le temps, l'herbe devient du lait.

Proverbe chinois

***

Il faut se fixer des buts avant de pouvoir les atteindre.

Michael Jordan

***

On guérit par ce à quoi on croit.

Moses Isegawa

***

Pour bâtir haut, il faut creuser profond.

Proverbe mongol

***

L'homme intelligent se remet toujours d'un échec. L'imbécile ne se remet jamais d'un succès.

Proverbe mexicain

***

Point n'est besoin d'espérer pour entreprendre ni de réussir pour persévérer.

Guillaume le taciturne

***

Tremblez, mais osez !

Susan Jeffers

***

Celui qui pose une question est bête cinq minute, celui qui n'en pose pas l'est toute sa vie.

Proverbe chinois

***

Qui veut faire quelque chose trouve un moyen. - Qui ne veut rien faire trouve une excuse.

Proverbe international

***

Quand la route est remplie d'obstacles et que tu n'attends aucun miracle, il est permis de t'arrêter, mais non d'abandonner. Quand le succès te fuit et que le doute t'envahit, peut-être qu'à ton insu tu es tout près du but. C'est quand tu as tout essayé qu'il ne faut pas abandonner.

Anonyme

***

L'ancêtre de toute action est une pensée.

Ralph Waldo Emerson

***

Il n'y a pas de situations désespérées ; il n'y a que des hommes qui désespèrent des situations.

Proverbe vietnamien

***

A qui sait attendre, le temps ouvre ses portes.

Proverbe chinois

***

Celui qui veut être un homme doit être un anticonformiste.

Ralph Waldo Emerson

***

Celui qui a de bonnes pensées prend plaisir à vivre.

Bediuzzaman Saïd Nusri

***

On ne trouve la sagesse que dans la vérité.

Johann Wolfgang Von Goethe

***

N'essayez pas de noyer vos chagrins : ils savent nager.

Albert Willemetz

***

Lorsque tu vins au monde, tout le monde était content et tu pleurais. - Vis de telle sorte que lorsque tu mourras, tous pleureront et tu seras heureux.

Proverbe arabe

***

Les hommes parlent de la victoire comme d'une chance. C'est le travail qui fait la victoire.

Ralph Waldo Emerson

***

Celui qui va doucement va loin.

Proverbe oriental

***

Apprends ce qui te semble difficile : tout ce qui est difficile devient facile grâce à l'apprentissage.

Proverbe persan

***

La vie me semble trop courte pour la passer à entretenir des ressentiments ou ressasser des griefs.

Charlotte Brontë

***

Rien n'est impossible. Ne nous endormons pas en pensant qu'une chose est impossible. Nous risquerions d'être éveillé par le bruit qu'un autre ferait en l'accomplissant.

Anonyme

***

L'homme sage apprend de ses erreurs, l'homme plus sage apprend des erreurs des autres.

Confucius

***

La vie est une expérience. Plus on fait d'expériences, mieux c'est.

Ralph Waldo Emerson

***

Qu'est-ce donc qu'une mauvaise herbe, sinon une plante dont on n'a pas encore découvert les vertus ?

Ralph Waldo Emerson

***

Qui n'est jamais tombé n'a pas une juste idée de l'effort à faire pour se tenir debout.

Multatuli

***

L'idéal de la vie n'est pas l'espoir de devenir parfait, c'est la volonté d'être toujours meilleur.

Ralph Waldo Emerson

***

Grimper est toujours plus difficile que descendre, mais ce qu'on découvre en haut de la montagne est nettement plus beau que ce que l'on trouve au fond du gouffre.

Soucre inconnue

***

Il ne faut pas lier un navire à une seule ancre, ni une vie à un seul espoir.

Épictète

***

La perfection des moyens et la confusion des buts semblent caractériser notre époque.

Albert Einstein

***

Les grandes inventions naissent d'idées toutes bêtes.

Anonyme

***

Vous ne pourrez évoluer à moins d'essayer d'accomplir quelque chose au-delà de ce que vous avez déjà réalisé.

Ralph Waldo Emerson

***

La meilleure façon de prédire l'avenir, c'est de le créer.

Peter Drucker

***

La persévérance vient à bout de tout.

Proverbe français

***

Nombreux sont ceux qui pensent à distraire leur esprit, rares sont ceux qui songent à le concentrer.

Anonyme

***

Eteignez cette boite idiote (la télévision).

Sandy Forster

***

L'éducation est non pas une préparation à la vie, l'éducation est la vie même.

John Dewey

***

Le mauvais sort peut déboucher sur quelque chose de positif.

Richard Wiseman

***

L'insatisfaction n'est pas le produit des circonstances ; c'est un état de l'âme.

Debi Pearl

***

…Eût-elle été en mesure de beaucoup parler, elle se serait également mise à philosopher sur le nombre et l'importance des bénédictions en creux qui vous étaient offertes – c'est-à-dire toutes les horreurs qui ne vous arrivent pas ; mon Dieu, la liste en est interminable si l'on commence à les énumérer, se disait-elle dans un bien-être un peu flottant, et pourtant les gens se plaignent.

Elizabeth Von Arnim

Tout ce que l'esprit conçoit et croit, il peut l'obtenir.

Napoleon Hill

***

Si le problème a une solution, il ne sert à rien de s'inquiéter. Mais s'il n'en a pas, alors s'inquiéter ne change rien.

Proverbe tibétain

***

Négligez les petites choses sous prétexte qu'on voudrait en faire des grandes, c'est l'excuse des lâches.

Alexandra David-Neel

***

Souvenez-vous que le bonheur dépend non pas de ce que vous êtes ou de ce que vous possédez, mais uniquement de votre façon de penser.

Dale Carnegie

***

Ce sont les idées qui mènent le monde.

Ernest Renan

***

Qui veut gravir une montagne commence par le bas.

Proverbe chinois

***

Les obstacles sont ces choses épouvantables que vous pouvez voir quand vous détournez les yeux de vos objectifs.

Henry Ford

***

Chaque difficulté porte en elle le germe d'un avantage équivalent ou supérieur.

Napoleon Hill

***

Il est des moments où il faudrait oublier les vieux espoirs et s'en créer de nouveaux.

Johann Friedrich von Schiller

Si vous faites toujours ce que vous avez toujours fait, vous obtiendrez toujours ce que vous avez toujours obtenu.

Anonyme

***

La gratitude est une manière de penser ; la joie est l'abondance que cette attitude produit.

Debi Pearl

***

Vous devez faire ce que vous pensez que vous n'êtes pas capable de faire.

Eleanor Roosevelt

***

Ne pas reculer fait en quelque sorte avancer. Et l'homme doit apprendre à marcher avant d'apprendre à danser.

Alexander Pope

***

L'habitude commence comme un fil de soie et devient vite un câble d'acier.

Proverbe espagnol

***

Cesser d'apprendre, c'est cesser de vivre.

Wladimir Wolf Gozin

***

La chance aide parfois ; le courage toujours.

Anonyme

***

On met moins de temps à réaliser un projet lorsqu'on a planifié avec soin le temps nécessaire à sa réalisation.

Lothar J. Seiwert

***

Ce que tu donnes aux autres, tu le donnes à toi-même.

Proverbe africain

***

Le malheur est grand, mais l'homme est encore plus grand que le malheur.

D. Lapierre

***

Il n'arrive que rarement de voir un individu, sous la pression d'événements exceptionnels, réviser l'image qu'il a ,de sa propre intelligence et de ses limites au point de s'ouvrir de nouvelles perspectives sur ce qu'il est capable d'apprendre.

Seymour Papert

***

Tout le monde est attiré par un sourire. Qui nous sommes se reflète sur notre visage.

Debi Pearl

***

Plus nous dépensons de gaîté et de bonne humeur, plus il nous en reste.

Waldo Emerson

***

L'Homme peut toujours faire quelque chose de ce qu'on a fait de lui.

J.-P. Sartre

***

L'on ne peut aller loin dans l'amitié, si l'on n'est pas disposé à se pardonner les uns aux autres les petits défauts.

Anonyme

***

Un bon mariage, comme tout ce qui a de la valeur, exige qu'on fasse ce qui est juste tous les jours.. toutes les heures... tous les instants.

Debi Pearl

***

Ce n'est pas parce que les choses sont difficiles que nous n'osons pas, c'est parce que nous n'osons pas qu'elles sont difficiles.

Sénèque

***

Il est préférable de prendre le changement par la main plutôt que d'attendre qu'il nous prenne à la gorge.

Winston Churchill

***

Savoir écouter, c'est posséder, outre le sien, le cerveau des autres.

Léonard de Vinci

***

L’essentiel est invisible pour les yeux.

Saint Exupéry

***

Toute personne veut naturellement devenir tout ce qu’elle est capable de devenir ; ce désir de réaliser les possibilités innées est inhérent à la nature humaine.

Wallace D. Wattles

***

Si tu ne brises pas tes liens pendant la vie, quel espoir de délivrance auras-tu dans la mort ?

Kabir

***

Ce ne sont pas les mauvaises herbes qui étouffent le bon grain, c'est la négligence du cultivateur.

Proverbe chinois

***

Je ne me décourage pas, car toute tentative infructueuse qu'on laisse derrière soi constitue un autre pas en avant.

Thomas Alva Edison

***

Avec de petits coups de dents, une souris coupe un câble.

Proverbe anglais

***

L'habitude nous cache le bleu du ciel.

M.J. Ryan

Les grands ne sont grands que parce que nous sommes à genoux : levons-nous.

Pierre Victurnien Vergniaud

***

Celui qui refuse de pardonner coupe les ponts sur lesquels il doit lui-même passer.

Anonyme

***

Aussi bête que cela puisse paraître, le pouvoir de la pensée positive mène loin.

George Lucas

***

Nul ne s'est jamais perdu sur une route droite.

Proverbe de l'Inde

***

Le bonheur est un parfum que l'on ne peut répandre sur autrui sans en faire rejaillir quelques gouttes sur soi-même.

Ralph Waldo Emerson

***

Nous sommes le passé de demain.

Mary Webb

***

Qui ne peut supporter le mal ne vivra pas pour voir le bien.

Proverbe yiddish

***

Il n'est pas bon d'être malheureux, mais il est bon de l'avoir été.

Chevalier de Méré

***

Le regret est une seconde erreur.

Raymond Latarjet

***

Qui peut dire si ce qui est malheur aujourd'hui ne sera pas la cause d'un grand bonheur demain ?

George Sand

***

La béatitude naît de l'ordre.

Mary Lambert

***

Si vous voulez être aimé, aimez et montrez-vous aimable.

Benjamin Franklin

***

La vie, c'est maintenant.

Debi Pearl

***

Marchons toujours, si lentement que nous marchions, nous ferons beaucoup de chemin.

Saint François de Sales

***

Ne considérez pas les pauses comme une perte de temps, mais comme une occasion de refaire le plein d'énergie pour vous régénérer.

Lothar J. Seiwert

***

Petite négligence accouche d'un grand mal.

Proverbe chinois

***

L'arbre devient solide sous le vent.

Sénèque

***

Planifiez votre vie, vivez votre plan.

John C. Maxwell

***

Survivre c'est mourir. Il faut patiemment et sans relâche construire, organiser, ordonner.

Michel Tournier

***

Tout problème, du plus insignifiant au plus grave, est une question à laquelle on n'a pas encore répondu.

Noah Saint John

***

Il faut avoir la volonté d'être soi-même.

Dale Carnegie

***

La vie, c'est ce qui arrive lorsqu'on avait prévu autre chose.

Anonyme

***

On ne peut pas éprouver de la gratitude, et être malheureux en même temps.

M.J. Ryan

***

La meilleure façon de vivre est de prendre les choses tranquillement.

Herman Mellville

***

Une chambre à ranger, c'est une vie à construire.

Daniel Pennac

***

Dieu nous donne les noix mais ne nous les casse pas.

Proverbe arabe

***

On ne doit pas juger un homme par ses grandes qualités, mais par l'usage qu'il en sait faire.

La Rochefoucauld

***

On ne récolte que ce qu'on a semé.

Proverbe français

***

Tout est affaire de point de vue, et le malheur n'est souvent que le signe d'une fausse interprétation de la vie.

H. de Montherlant

Pour atteindre l'objectif final, je me concentre d'abord sur la préparation.

David Douillet

***

Ce que le fou fait à la fin, le sage le fait au commencement.

R. C. Tench

***

Le bonheur est une denrée merveilleuse : plus on en donne plus on en a.

Madame Necker

***

Ma grange ayant complètement brûlé, je peux maintenant voir la lune.

Masahide

***

Se sentir blessé et éprouver de la colère sont les deux faces de la même vieille pièce de monnaie – celle avec laquelle on cherche à contrôler quelqu'un d'autre.

Debi Pearl

***

Dieu qui voit nos larmes à notre insu, et qui, dans son immuable sérénité, nous semble n'en pas tenir compte, a mis lui-même en nous cette faculté de souffrir pour nous enseigner à ne pas vouloir faire souffrir les autres.

Georges Sand

***

Tant que la lecture est pour nous l’initiatrice dont les clefs magiques nous ouvrent au fond de nous-mêmes la porte des demeures où nous n’aurions pas su pénétrer, son rôle dans notre vie est salutaire.

Marcel Proust

***

Reste devant la porte si tu veux que l'on t'ouvre. Ne quitte pas la voie si tu veux que l'on te guide. Rien n'est jamais fermé sinon à tes propres yeux.

Farid Al-Din Attar

***

Faites le premier pas en toute confiance. Il n'est pas nécessaire de voir tout l'escalier. Montez seulement la première marche.

Martin Luther King

***

La joie est la conséquence d'un cœur reconnaissant. Un cœur reconnaissant est la conséquence d'une personne qui décide de dire merci.

Debi Pearl

***

Rien n'est plus fatiguant qu'un travail dont on repousse continuellement la réalisation.

William James

***

Les objectifs à long terme protègent contre la frustration des échecs à court terme.

Charles C. Noble

***

Nul ne peut se sentir à la fois responsable et désespéré.

Saint-Exupéry

***

Nous pouvons définir notre vie comme le temps qui nous est imparti sur terre. Notre tâche essentielle dans la vie est de tirer le meilleur parti possible de ce temps.

Lothar J. Seiwert

***

La plus grande prévoyance est d'avoir des heures destinées à prévoir les choses.

Baltasar Gracián

***

La résignation allège tous les maux sans remède.

Horace

***

Un sourire ne coûte rien, mais il rapporte beaucoup ; il enrichit celui qui le reçoit sans appauvrir celui qui le donne.

Frank Irving Fletcher

***

L'homme est malheureux parce qu'il ne sait pas qu'il est heureux.

Fiodor Dostoïvesky

***

Peu importe qu'on soit né dans la cour des canards, si l'on est sorti d'un œuf de cygne.

Andersen

***

La volonté de gagner ne sert à rien si on n’a pas la volonté de se préparer.

Thane Yost

L'élimination du désordre est une opération efficace qui modifie notre vie de manière spectaculaire.

Mary Lambert

***

Il y a la montagne à gravir et les étapes pour arriver au sommet. Ces étapes sont votre quotidien.

Yannick Noah

***

La glaise ne devient terre à mouler qu'après avoir été pétrie.

Eschyle

***

On ne perd pas de temps quand on se prépare.

Anonyme

***

Chaque moment consacré à la planification en économise trois ou quatre lors de la réalisation.

C. Greenwalt

***

Il ne faut jamais regretter, il faut prévoir.

Wail Bouabib

***

L'ordre est le plaisir de la raison.

Paul Claudel

***

Prévoir rend le pas assuré.

Hazrat Ali

***

La chance, c'est de croire qu'on est chanceux.

Tennessee William

***

La peur n'évite pas le danger.

Anonyme

***

L'éducation ne se borne pas à l'enfance et à l'adolescence. L'enseignement ne se limite pas à l'école. Toute la vie, notre milieu est notre éducation, et un éducateur à la fois sévère et dangereux.

Paul Valéry

***

L'élément tragique pour l'homme moderne, ce n'est pas qu'il ignore le sens de sa vie, mais que ça le dérange de moins en moins.

Vaclav Havel

***

La folie est souvent la logique d'un esprit juste qu'on opprime.

Olivier Wender Holmes

***

Si l'on peut en finir du passé avec l'oubli, on n'en finit pas de l'avenir avec l'imprévoyance.

Lamennais

***

Il faut d'abord mener à bien les tâches qui ont la priorité maximale.

Lothar J. Seiwert

***

L'homme qui s'est préparé au combat l'a déjà à moitié gagné.

Miguel de Cervantes

***

L'avenir n'est jamais que du présent à mettre en ordre.

Antoine de Saint Exupéry

***

Ne détruisez pas, construisez. Ne critiquez pas, organisez.

Frank Outlaw

***

Il n'y aurait pas eu de bonheur, si le malheur n'avait aidé.

Proverbe russe

Sur la terre tout a une fonction, chaque maladie une herbe pour la guérir, chaque personne une mission.

Proverbe indien

***

Le malheur peut être un pont vers le bonheur.

Proverbe japonais

***

Une femme sage apprend toujours. Elle est ouverte au changement. Elle est prête à écouter. Elle recherche le savoir.

Debi Pearl

***

Le trop de quelque chose est un manque de quelque chose.

Proverbe arabe

***

Le bonheur vient de l'attention prêté aux petites choses, et le malheur de la négligence des petites choses.

Proverbe chinois

***

Ne soyez pas négligent, parce qu'on ne sera pas négligent à votre égard.

Proverbe oriental

***

Toute idée claire que nous formons diminue notre esclavage et augmente notre liberté.

Emile-Auguste Chartier, dit Alain

***

Selle tes rêves avant de les chevaucher.

Mary Webb

***

Nous n'existons dans le présent que dans la mesure où nous mettons notre foi dans le futur.

Paul Auster

Le cerveau est un organe conçu pour atteindre des buts.

Jack Canfield

***

Prends ton temps pour réfléchir, c'est la source de la force.

Dicton irlandais

***

Quand une porte se ferme, une autre s'ouvre.

Cervantès

***

Il faut se connaître soi-même. Quand cela ne servirait pas à trouver le vrai cela au moins sert à régler sa vie, et il n'y a rien de plus juste.

Blaise Pascal

***

Le principe le plus important de la planification est d'écrire noir sur blanc ce que l'on a décidé de faire.

Lothar J. Seiwert

Le pessimisme est d'humeur, l'optimisme est de volonté.

Jean-Pierre Chartier, dit Alain

***

Une place pour chaque chose et chaque chose à sa place.

Proverbe français

***

Dieu a promis miséricorde à nos fautes, mais il n'a pas promis demain à notre procrastination.

Saint Augustin

***

A mon sens, le succès ne peut être atteint qu'après une succession d'échecs et d'introspections.

Soichiro Honda

***

La prospérité montre les heureux, l'adversité révèle les grands.

Pline le Jeune

L'échec est le fondement de la réussite.

Lao-Tseu

***

L'or s'épure au feu, l'homme s'éprouve au creuset du malheur.

Proverbe international

***

L'âme vile est enflée d'orgueil dans la prospérité et abattue dans l'adversité.

Épicure

***

Plus le malheur est grand, plus il est grand de vivre.

Crébillon

***

Qui sait tout souffrir peut tout oser.

Vauvenargues

***

À force de mal aller, tout ira bien.

P.-J. Le Roux

***

Toutes les fleurs de l'avenir sont dans les semences d'aujourd'hui.

Proverbe chinois

***

L'invisible est réel.

Alfred de Vigny

***

Les questions sont des clés qui ouvrent les portes de la vérité.

Proverbe chinois

***

Chacun vaut ce que valent les objectifs de son effort.

Marc Aurèle

***

Quand on cède à la peur du mal, on sent déjà le mal de la peur.

Beaumarchais

***

Être reconnaissant et manifester sa reconnaissance en disant « merci » est la clef de la victoire spirituelle.

Debi Pearl

***

C'est un malheur de ne pouvoir supporter le malheur.

Bias

***

Tout pauvre peut trouver un plus pauvre que soi.

Don Juan Manuel

***

Il n'est jamais plus tard que minuit.

Proverbe birman

***

Pardonner est un choix.

Robert D. Enright

***

L'heure la plus sombre précède l'aurore.

Th. Fuller

***

Pour être heureux jusqu'à un certain point, il faut que nous ayons souffert jusqu'au même point.

Edgar Poe

***

Ne vous découragez pas : c'est souvent la dernière clef du trousseau qui ouvre la porte.

Anonyme

***

Ce qui est passé a fui, ce que tu espères est absent, mais le présent est à toi.

Proverbe arabe

***

Le plus grand arbre est né d'une graine menue.

Lao-Tseu

***

L'envergure de votre question détermine l'ampleur de vos résultats.

Mark Victor Hansen et Robert G. Allen

***

La plupart des gens préfèreraient mourir que de réfléchir. D'ailleurs, c'est ce qu'ils font.

Bertrand Russell

***

La vie est une série de problèmes. Si vous devez être heureux un jour, vous devez être heureux, un point c'est tout ! Et non heureux « à cause de... »

Maxwell Maltz

***

Au lieu de "faire un bond en avant", je recommande plutôt très fortement de faire un petit pas en avant. La réussite à long terme ne se mesure pas à la longueur de vos enjambées. La réussite à long terme se mesure au nombre de pas, à la direction choisie et au nombre d'années d'efforts.

Robert T. Kiyosaki

***

Dieu nous donne des mains, mais il ne bâtit pas les ponts.

Proverbe arabe

***

La valeur de la jeunesse, c'est un vieux qui te la donnera. - La valeur de la richesse, c'est un pauvre qui te la donnera. - La valeur de la vie, c'est un mort qui te la donnera.

Proverbe arabe

***

On peut toujours abandonner... alors pourquoi le faire maintenant ?

Robert T. Kiyosaki

***

Un héros n'est pas plus brave qu'un homme ordinaire, mais il est brave quelques minutes de plus.

Ralph Waldo Emerson

***

Le plus grand des miracles, c'est d'être en vie.

Thich Nhat Hanh

***

Qu'est le succès sans l'amour ? Sans lui, la richesse et le prestige sont poussières et cendres.

Dorothy Carnegie

***

La seule manière d'échouer, c'est d'abandonner avant d'avoir réussi !

Olivier Lockert

***

Le monde ne vous doit rien. C'est à vous de le créer tel que vous le voulez.

Jack Canfield

On peut tout retirer à quelqu'un sauf une chose : sa liberté de choisir.

Victor Frankl

***

Il faut avoir une haute idée, non pas de ce qu'on fait, mais de ce qu'on pourra faire un jour ; sans quoi ce n'est pas la peine de travailler.

Edgar Degas

***

La vie est un ragoût mélangé de tristesse et de joie.

George Sand

***

Il est bien des choses qui ne paraissent impossibles que tant qu'on ne les a pas tentées.

A. Gide

***

La dépression est un choix.

A.b. Curtiss

Vous devez reprendre le contrôle de vos pensées,

de vos images mentales, de vos rêves, de vos rêveries éveillées et de votre comportement. Toutes vos pensées, vos paroles et vos actions doivent désormais être volontaires et mises au service de vos intérêts, de vos valeurs et de vos objectifs.

Jack Canfield

***

Soyez vous-même ; il ne reste plus de place dans les chaussures des autres.

Oscar Wilde

***

Vous pouvez choisir d'être une victime, ou vous pouvez choisir d'être riche, mais vous ne pouvez pas choisir d'être les deux à la fois.

T. Harv Eker

***

Si vous n'aimez pas ce que vous faites, ou ce qui vous arrive, vous devez changer votre manière de réagir aux événements.

Jack Canfield

Dieu ne donne à nulle âme une charge qui dépasse ses capacités.

Le Coran

***

Ceux qui n'ont jamais souffert ne savent rien.

Fénelon

***

Si vous voulez être heureux, fixez-vous un objectif qui monopolisera votre attention, vous insufflera de l'énergie, et vous inspirera de l'espoir.

Andrew Carnegie

***

Tout ce que vous faites est le fruit de votre volonté.

Jack Canfield

***

Chaque matin qui se lève est une leçon de courage.

Jean-Edern Hallier

***

Le vrai courage exige de la patience.

René Ouvrard

***

Quel courage il faut, à certains moments, pour choisir la vie !

Henrik Ibsen

***

Le courage est la première des qualités humaines car elle garantit toutes les autres.

Aristote

***

Il n'est point de bonheur sans liberté, ni de liberté sans courage.

Périclès

***

On ne pourrait apprendre le courage et la patience s'il n'existait que de la joie dans le monde.

Helen Keller

***

Tous nous serions transformés si nous avions le courage d'être ce que nous sommes.

Marguerite Yourcenar

***

La télévision n'exige du spectateur qu'un acte de courage, mais il est surhumain, c'est de l'éteindre.

Pascal Bruckner

***

Le courage est le prix que la vie exige pour accorder la paix.

Amélia Earhart

***

Le succès n'est jamais total, l'échec n'est jamais complet. Il n'y a que le courage qui compte.

Ben Tilton

***

L'homme patient et courageux fait lui-même son bonheur...

Publius Syrus

On n'en fera jamais beaucoup si on n'est pas assez courageux pour essayer.

Dolly Parton

***

Imposer sa volonté aux autres, c'est force. Se l'imposer à soi-même, c'est force supérieure.

Lao-Tseu

***

Mesure tes forces d'après tes aspirations et non tes aspirations d'après tes forces.

Adam Mickiewicz

***

Un homme doit choisir. En cela réside sa force : le pouvoir de ses décisions.

Paulo Coelho

***

Le plus souvent, il faut faire ce qui semble évident. Il faut juste en avoir le courage.

Martin Taylor

Chaque fois que vous voyez une entreprise qui réussit, dites-vous que c'est parce qu'un jour quelqu'un a pris une décision courageuse.

Peter Drucker

***

Un lâche ne peut savoir ce qu'est le bonheur. Il faut du courage pour être heureux.

Armand Salacrou

***

Il faut savoir ce que l'on veut. Quand on le sait, il faut avoir le courage de le dire ; quand on le dit, il faut avoir le courage de le faire.

Georges Clemenceau

***

Il y a un courage de la tête comme du coeur, et le manque de génie n'est parfois que le manque de courage. Se fier à soi, c'est doubler ses forces.

Johan Henrik Kellgren

***

N'allez pas où conduit l'autoroute, allez plutôt où il n'y a pas de route et ouvrez un nouveau chemin.

R. W. Emerson

***

La confiance en soi, c'est quand on part chasser Moby Dick dans une barque en emportant la sauce tartare.

Zig Ziglar

***

Tout est bien qui finit bien. Si ce n'est pas bien, ce n'est pas fini.

Anonyme

***

Si vous n'êtes pas prêt à risquer l'inhabituel, vous devrez vous contenter de l'ordinaire.

Jim Rohn

***

C'est votre attitude, pas vos aptitudes, qui déterminera votre altitude.

Zig Ziglar

***

L'homme libre est celui qui n'a pas peur d'aller au bout de sa pensée.

Léon Blum

***

Le simple fait que vous passiez votre temps à vous plaindre révèle que vous méritez votre sort.

James Allen

***

Faites ce que vous pouvez, avec ce que vous avez, là où vous êtes !

Theodore Roosevelt

***

Je veux, donc je peux.

F. Sarcey

***

Que vous soyez un homme ou une femme, vous ne ferez jamais rien dans ce monde sans courage.

James Allen

***

Soit vous êtes en train de pleurnicher sur le problème, soit vous êtes en train de travailler à la solution.

T. Harv Eker

***

Ce n'est pas la réflexion qui fait disparaître la peur. C'est le fait de passer à l'action.

Clement Stone

***

Si vous savez ce que vous voulez, et que vous le voulez très fort, vous trouverez un moyen de l'obtenir.

Jim Rohn

***

Nous pouvons changer le désespoir en espoir, et c'est magique. Nous pouvons effacer les larmes et les remplacer par des sourires. Il y a deux types de forces à l'oeuvre, externe et interne. Nous n'avons presque aucun contrôle sur les forces externes telles que les tornades, les tremblements de terre, les inondations, les désastres, les maladies et la souffrance. Ce qui compte en réalité, c'est la force interne. Comment est-ce que je réagis face à ces désastres ? Je suis entièrement maître de mes réactions.

Leo F. Buscaglia

***

Posez-vous ces quatre questions : Pourquoi ? Pourquoi pas ? Pourquoi pas moi ? Pourquoi pas maintenant ?

James Allen

FIN

HELP !

Merci d'avoir lu ce petit livre. Si vous l'avez apprécié et que vous avez cinq minutes, pouvez-vous lui mettre un commentaire sur le site où vous l'avez acheté ?

Votre avis aidera les lecteurs qui sont intéressés, mais qui se demandent si sa lecture en vaut la peine, à se décider. Vous nous aiderez ainsi à vous préparer d'autres livres de qualité.

Je vous en serai très reconnaissante car c'est extrêmement important pour nous.

D'avance, merci.

CATALOGUE DES ÉDITIONS LUCIA-CANOVI.COM

LIBERTÉ • VÉRITÉ • CLARTÉ

Des mots qui aident, guident, réconfortent, encouragent, éclairent, élèvent ou libèrent

Programmes audios

http://programmezvotresubconscient.fr/100-confiance-en-soi
Ecoutez tous les jours *100 % confiance en soi,* et au bout de 30 jours, vous aurez une inébranlable confiance en vous-même.
http://programmezvotresubconscient.fr/enfin-calme
Ecoutez tous les jours *Enfin Calme* pour garder votre calme en toutes circonstances.
http://programmezvotresubconscient.fr/enfin-heureux
Ecoutez tous les jours *Enfin Heureux* pour être heureux quoi qu'il arrive.
http://enfin-bilingue.fr/
Ecoutez tous les jours *Enfin Bilingue* pour apprendre l'anglais avec rapidité, facilité et plaisir.
http://enfin-bilingue.fr/arabe
Ecoutez tous les jours *Enfin Bilingue en arabe* pour apprendre l'arabe avec rapidité, facilité et plaisir.

Essais/Actualité

Réfléchissez ! Racisme, antisémitisme, quenelle et autres sujets sensibles, de Lucia Canovi
Eckhart Tolle et l'idiocratie : découvrez la doctrine et les effets d'un "grand maître spirituel", de Lucia Canovi
L'Islam au-delà des apparences, de Lucia Canovi
Conversations avec l'ennemi de Dieu : le mal au XXIe siècle, de Lucia Canovi
Le Lait du Mensonge : Fragments d'une parole sincère, de Lucia Canovi
Êtes-vous Charlie ?, de Lucia Canovi

Développement personnel/Psychologie

La clé du bonheur : 365 offirmations pour surmonter dépression, découragement, déprime et être heureux en toutes circonstances* [Ce n'est PAS une faute d'orthographe], de Lucia Canovi

La Clé du Calme : 365 offirmations pour triompher de l'anxiété, du stress, de la colère et trouver la sérénité* [Ce n'est PAS une faute d'orthographe], de Lucia Canovi

La Clé de la Richesse : 365 questions à se poser pour s'enrichir malgré la crise, de Lucia Canovi

Le petit livre de la paix intérieure : Proverbes anti-stress et citations calmantes, de Lucia Canovi

Le petit livre qui fortifie : Proverbes réconfortants et citations motivantes, de Lucia Canovi

Marre de la vie ? Tuez la dépression avant qu'elle ne vous tue !, de Lucia Canovi

Aller mal quand tout va bien : La dépression dédramatisée, de Lucia Canovi

La dépression est une vraie maladie ? 9 idées fausses sur la tristesse et le mal-être, de Lucia Canovi

Et si la dépression avait un sens ?, de Lucia Canovi

Les vraies causes de la dépression, de Lucia Canovi

Libérez-vous de l'alcool et de la cigarette : Comprendre le joug pour le briser, de Lucia Canovi

Vivez jusqu'au bout ! Suicide, mode de non-emploi, de Lucia Canovi

Vous n'êtes pas fou ! Les maladies mentales démystifiées, de Lucia Canovi

Antidépresseurs, mensonges et conséquences, de Lucia Canovi

Secrets et dangers de la psychanalyse : Freud n'est pas votre ami, de Lucia Canovi

Torture ou thérapie ? La vérité sur les électrochocs, de Lucia Canovi

Enfin heureux ! Cinq thérapies gratuites et efficaces pour retrouver le sourire, de Lucia Canovi

Etudes/Art d'écrire

7 secrets pour réussir brillamment ses études sans le moindre stress !, de Lucia Canovi

Ecrire une scène d'action en s'inspirant d'un grand romancier, de Lucia Canovi

Roman

Amour et mensonges sous le ciel d'Italie, roman de Jean Webster

Horace, roman de George Sand

Les dames vertes, roman de George Sand

Cecilia, roman de Fanny Burney

Histoire

Pourquoi j'ai embrassé l'Islam, d'Anselme Turmeda

La révolution française : une conspiration ?, d'Augustin Barruel

A PROPOS DE L'AUTEUR

Lucia Canovi est auteur et éditeur.

Sa vie comporte trois actes très différents.

Premier Acte : Adeline Aragon gagne six prix littéraires, réussit ses études de lettres modernes et obtient du premier coup l'agrégation, concours réputé particulièrement difficile. Après ces brillantes études, elle se retrouve désorientée et se tourne vers l'enseignement moins par choix que par impossibilité de changer en gagne-pain l'écriture, sa vocation de toujours. Pendant ce premier acte, elle est athée, cartésienne et militante féministe (Voir ***Sept mensonges du féminisme***).

Deuxième Acte : profondément insatisfaite de sa vie même si elle a « tout », à 27 ans elle se lance dans l'astrologie et le tarot, commence à étudier le russe, se teint les cheveux en rouge, quitte sa ville natale, et troque son rationalisme contre un mysticisme échevelé qui la mène à l'hôpital psychiatrique pour deux semaines. Loin de lui apporter le bonheur, cette route se révèle de plus en plus sombre et désespérante. Pendant ce second acte, elle fume, boit, construit des châteaux en Espagne, continue à écrire sans convaincre aucun éditeur de son génie, et adopte toutes les croyances du Nouvel Âge, dont la réincarnation. Elle est alors une disciple enthousiaste d'Eckhart Tolle (Voir ***Eckhart Tolle et l'idiocratie : doctrine et effets d'un « grand maître spirituel »***).

Troisième Acte : arrivée au bout de ses ressources financières, sans ami et sans amour, pour la première fois de sa vie elle se tourne vers Dieu pour Lui demander Son aide. Une semaine après, elle rencontre l'homme de sa vie qui lui propose immédiatement le mariage et l'Islam. Le coup de foudre étant réciproque, elle accepte le mariage. Quelques mois et d'innombrables lectures plus tard, dont *Le Mensonge de l'évolution* d'Harun Yayha, pour son plus grand bonheur elle se convertit à l'Islam.

Encouragée par son mari, elle se remet à l'écriture sous le nom de plume de Lucia Canovi avec un zèle renouvelé et un but bien précis : aider les personnes qui souffrent. Son grand livre ***Mentalpax : antidépresseur naturel sous forme de livre préconisé dans le traitement de l'anxiété, des idées noires, de la dépression et des autres diagnostics*** est le fruit d'un labeur acharné de plus de sept années ; les lecteurs l'adorent.

Par la suite, elle écrit sur toutes sortes de sujet, avec un intérêt particulier pour la logique, le développement personnel (voir en particulier ***Le trésor : découvrez la méthode la plus simple de vous faire des alliés et de réaliser vos rêves***), la religion (voir ***L'Islam au-delà des apparences***) et le mal sous toutes ses formes (voir ***Conversations avec l'ennemi de Dieu : le mal au XXIème siècle***).

Prenant conscience qu'il ne sert à rien d'attendre l'éditeur charmant, elle crée sa propre maison d'édition par internet, lucia-canovi.com.

Aujourd'hui, Lucia Canovi vit tranquillement en Algérie avec son mari et ses deux enfants, et s'emploie à offrir le meilleur de la littérature à ses lecteurs de plus en plus nombreux.

16326958R00050

Printed in Poland
by Amazon Fulfillment
Poland Sp. z o.o., Wrocław